AF332782

L n: 20461.

L n: 20461.

VILLARS ET LAPEYROUSE

EXTRAIT DE LEUR CORRESPONDANCE

PAR

M. Édouard TIMBAL-LAGRAVE

Extrait du *Bulletin de la Société botanique de France.*
T. VII (1860), p. 680 et suiv.

PREMIÈRE PARTIE.

Au moment où la Société botanique de France va explorer une partie de l'ancien Dauphiné, j'ai pensé qu'elle serait bien aise de recueillir tous les documents qui se rapportent à son histoire botanique ; c'est à ce titre que j'ose présenter ces notes à l'appréciation des membres de la Société qui, plus heureux que moi, peuvent assister à cette session.

Je dois à l'obligeance de M. le docteur Judan la communication d'une série de lettres que Villars écrivit à Lapeyrouse ; ces lettres, très curieuses à plus d'un titre, contiennent cependant beaucoup de notes et de détails qui n'offrent aujourd'hui aucun intérêt ; mais çà et là on remarque des observations intéressantes sur plusieurs plantes qui étaient critiques à l'époque où ces botanistes écrivirent leurs Flores, et qu'ils contribuèrent à élucider. On y trouve aussi des appréciations intimes sur leurs travaux.

J'ai pensé qu'en réunissant dans une note tout ce qu'il y avait encore d'intéressant dans cette correspondance, longtemps enfouie dans le riche cabinet d'histoire naturelle de M. Judan, je pourrais être encore utile à la science, et dans tous les cas rendre un hommage public à deux hommes de talent, qui, quoique diversement appréciés par les botanistes modernes, ont rendu de grands services à la botanique phytographique. Ce qui m'a surtout porté à

1861

prendre cette détermination, c'est la note suivante, écrite par Lapeyrouse sur la feuille qui sert d'enveloppe à ces lettres; elle est ainsi conçue : « Ces lettres » sont extrêmement curieuses, par les anecdotes, les observations fines, les » critiques judicieuses, les discussions inédites qu'elles renferment. Elles se- » ront bien accueillies du public et pourront être imprimées après notre » mort. »

Je ne me dissimule pas la difficulté que présentent des travaux de ce genre, aussi dois-je demander l'indulgence du lecteur; si je n'ai pu atteindre le but que j'ai voulu me proposer, l'intéresser, j'aurai toujours eu la satisfaction qu'on éprouve quand on a fait une bonne action.

La première lettre de Villars que renferme cette collection est de l'année 1786. Il l'écrivit à l'époque où parut le *Prospectus* de son *Histoire des plantes du Dauphiné;* Villars disait alors à Lapeyrouse : « Mon Prospectus est » un simple catalogue de 150 espèces rares ou nouvelles que j'ai données » uniquement parce que M. Faujas avait donné les mêmes plantes et d'autres » que je n'avais pu lui refuser, à M. le chevalier de Lamarck, qui les a insérées » quelquefois d'une manière peu avantageuse pour lui et pour moi dans sa » Flore de France. Comme vous avez pu vous en apercevoir, ce Prospectus » sert à appuyer une réforme du système de Linné que j'ai faite en Dauphiné, » en 1775, pendant que Thunberg la faisait au Japon, réforme qui n'a » d'autre importance que parce que M. de Jussieu l'a attaquée dans son » rapport. »

La seconde lettre que nous offre cette collection est de 1788 (1). Dans celle-ci, Villars fait une appréciation remarquable de ses ouvrages, de ses talents botaniques et des matériaux dont il disposait pour la rédaction de son livre. « Vous » voulez, dit-il, me faire dire qui je suis et ce que je pense. Vous n'aurez pas » de la peine, je suis un naïf campagnard livré depuis l'âge de seize ans à » l'étude des plantes ; il n'est pas surprenant qu'une coquette aussi séduisante » et aussi généreuse que la botanique m'ait parfois accordé quelques faveurs. » Elle eût été bien ingrate, si elle en eût agi autrement; mais vous avez dû » voir, dans la dédicace de mon premier volume et encore mieux dans ma » précédente lettre, que l'aménité qu'elle inspire à ses amants n'a pas pris chez » moi. Il est une marche dans l'étude des sciences comme dans la formation » des caractères, qu'on ne saurait troubler impunément. Ma première édu- » cation n'a pas été assez soignée, et je suis loin du courant du monde; j'ai » tâché de remplir rigoureusement les devoirs d'honnête homme en suivant » mon étoile, désespérant de réussir de toute autre manière. »

Dans cette même lettre, Villars dit un mot sur la synonymie qu'il avait adoptée dans son *Histoire des plantes du Dauphiné.* « J'aurais pu, dit-il, mettre

---

(1) Il est probable que nos deux botanistes ont échangé quelques lettres dans cet intervalle de deux ans, mais elles ne se trouvent pas dans la collection.

» plus d'ordre dans mes synonymes et à mes descriptions, mais comme j'ai
» recueilli les premiers dans les herbiers et pendant des lectures, sur autant de
» cartes séparées, je m'en suis parfois trouvé beaucoup et d'autres fois peu.
» Rejeter ceux que ma mémoire, une forte impression de l'objet m'avait rap-
» pelés dans l'occasion, ou adopter, copier d'après les autres auteurs, ceux
» dont je n'étais pas sûr, répugnait également à ma délicatesse et à ma mau-
» vaise tête. »

Cette lettre n'est pas la seule où Villars parle de la synonymie de son livre ;
dans une autre, datée de 1789, il dit à Lapeyrouse : « La partie qui m'a le
» plus flatté dans mon ouvrage, c'est le rapprochement des synonymes que
» j'ai faits neufs. Elle flattait mon amour-propre à cause de sa difficulté ; ce
» sera peut-être celle dont le public me saura moins de gré. Il faut, pour bien
» juger les auteurs, être bien pénétré de son objet, l'avoir vu sous plusieurs
» rapports, joindre un peu de défiance à beaucoup de sagacité. Or la mé-
» moire suffit rarement à ces objets, lorsqu'elle est déjà chargée de beaucoup
» d'autres ; la mienne s'était munie de l'habitat des plantes depuis l'âge de
» douze ans jusqu'à celui de vingt-cinq. A cette époque, j'y joignis l'étude
» de la médecine et des études réglées de botanique. D'après cette marche,
» j'ai pu inculquer dans ma tête les plantes de la province ; aussi pouvais-je
» les reconnaître à Paris venant de Russie, du Levant, des Pyrénées, de l'Au-
» vergne, etc., sous tous les aspects possibles. »

Cette facilité et la grande habitude qu'avait Villars pour la détermination des
espèces de sa province, quelque étendues qu'elles fussent, ne permettent pas de
penser que Villars ait tout connu, car il l'avoue lui-même à plus d'un endroit ;
mais il doit avoir mieux jugé certaines espèces que bien d'autres botanistes
qui se sont bornés à copier les autres, sans prendre la peine de vérifier la jus-
tesse de certains rapprochements.

Les études synonymiques sont en effet très difficiles, et offrent un grand
intérêt pour l'histoire des espèces ; mais leur importance est relative et dépend
du point de vue où l'on se place pour délimiter les espèces ; aussi est-il une
école de botanistes qui attache à cette partie de la botanique une grande importance, tandis qu'une autre école pense que, sous un nom commun, les auteurs
anciens ont confondu plusieurs espèces ensemble. Il devient alors difficile
d'attribuer le nom ancien à l'une ou l'autre des espèces de nouvelle création ;
et cette école considère dès lors la synonymie de ces plantes comme dépourvue
de valeur.

Quoi qu'il en soit, tel n'était pas l'avis de Villars, et pour terminer avec
la question des synonymes, je citerai encore un passage d'une lettre datée du
27 janvier 1793, où Villars disait à notre compatriote : « Vous avez bien des
» précautions à prendre pour le choix de votre synonymie ; lorsque l'on a, il
» est vrai, comme vous, Jacquin, qui a l'avantage de graver et de peindre
» parfaitement les espèces et leurs caractères, la synonymie devient nulle

» après (*sic*), mais il n'est pas moins vrai qu'elle fait un travail que j'ai cru
» nécessaire ainsi que Haller; j'ai osé croire même que la synonymie était la
» partie la plus difficile, peut-être la plus utile de la botanique, car elle est
» aussi importante que la détermination des espèces d'après un seul auteur tel
» que Linné, par la raison que ceux qui s'en tiennent à lui ont sous leurs pas
» deux piéges, dont l'un est inévitable : ou ils croient que Linné a tout
» connu, et rapportent les espèces disparates qu'il ne connut jamais; ou ils
» les croient neuves, tandis que la plupart sont connues par d'autres auteurs :
» ils tombent eux-mêmes dans le néologisme de Lamarck. »

Laissons là les synonymes, et passons à une lettre du 24 juin 1788, où
Villars fait un tableau saisissant de sa vocation botanique :

« Tout auteur, dit-il, doit, à ce que je crois, chérir son ouvrage comme
» son enfant; mais peut-il l'aimer même en connaissant ses défauts? Telle
» est ma position : j'étais moins fait que tout autre pour être auteur; mon
» goût, je puis dire ma passion pour la botanique, m'a fait franchir tous les
» obstacles; une éducation très médiocre, une fortune de talents plus mé-
» diocre encore n'ont pu me retenir. Je ne me dissimule pas les difficultés de
» notre siècle : un raffinement de goût, un égoïsme fatal. Des modèles du pre-
» mier mérite, des Linné, des Haller, que j'avais sous les yeux et que je crois
» avoir bien étudiés, telles sont les barrières que j'ai d'abord élevées à l'amour-
» propre qui cherche à nous tromper. »

Et plus bas : « J'ai parfois pensé qu'un travail opiniâtre de plus de vingt
» ans à courir les montagnes, à observer les plantes après les avoir détermi-
» nées, pourrait avoir quelque mérite; mais je m'en suis toujours référé à ma
» mauvaise étoile qui m'entraînait, à mon penchant décidé et irrésistible vers
» l'objet de mes amours, la botanique. D'après cette fatalité qui certainement
» est bien éloignée de nous dispenser des égards que l'on doit au public, je
» n'ai pu me mettre beaucoup en peine sur le sort de mon livre, ni sur ma
» réputation. Aujourd'hui vous venez courir la même carrière, sans doute avec
» bien plus d'avantage, mais vous n'avez vu que la moitié de mon ouvrage;
» vous m'en faites des éloges outrés; peu de moments après, il est vrai, vos
» lumières et votre justice vous obligent à mettre des bornes à ces éloges,
» qui sont exagérés; je les crois tels. Vous m'annoncez que nous ne serons
» pas d'accord sur les espèces; tant pis pour moi et pour les lecteurs. Nous
» sommes hommes, nous n'avons pu nous engager à leur promettre des
» ouvrages divins. »

Rien n'est vrai comme cette page où Villars se peint lui-même avec tant de
vérité. Que de botanistes anciens et modernes, poussés par leur penchant,
leur goût pour la botanique, sont devenus auteurs à leur insu! Dans ces diverses
lettres on remarquera que Villars montre une grandre déférence pour Lapeyrouse, et qu'en général il s'incline devant ses opinions. Quoique les botanistes
modernes donnent raison à Villars, qui réellement connaissait mieux les plantes

que Lapeyrouse, je ferai observer une fois pour toutes que je n'ai sous les yeux que les lettres écrites par Villars, et qu'il devait cette déférence à Lapeyrouse, ne fût-ce que par politesse et à cause de la position honorable qu'occupait à Toulouse notre compatriote.

Villars savait que son livre n'était pas parfait, et il connaissait trop sa flore pour ne pas savoir que ceux qui viendraient après lui trouveraient encore à étudier; il exprime même une semblable pensée dans une lettre datée du 21 décembre 1791 : « Je m'aperçois, dit-il, chaque jour de quelques » défauts; c'est que j'ai trop circonscrit mon travail aux espèces de mon » pays; je veux dire que, ne connaissant pas les espèces des autres, ne voulant » même pas en parler, il est arrivé que les botanistes qui ont d'autres espèces » sans avoir les miennes, n'y font pas assez attention. Allioni m'en offre un » exemple pour son *Saxifraga exarata*, en donnant sous ce nom une espèce » qui en diffère totalement. Peut-être n'êtes-vous pas éloigné d'en faire autant; » faites attention. Je n'ai pas plus de confiance en mes lumières que de raison ; » mais, outre que j'ai vu et revu nombre de fois mes espèces dans divers sites, » j'en ai gravé quelques-unes, je les ai bien connues, mais pas toujours si » bien décrites, par la raison que je viens de vous donner. Aussi, pour bien » me juger, il faudrait qu'un botaniste vienne parcourir de nouveau le Dau- » phiné; il sera souvent étonné de ne pas trouver toutes mes espèces; et » lorsqu'il en découvrira de nouvelles, il le sera encore de ce que je les ai » vues presque toutes. »

Certainement Villars se trompait dans cette lettre, et ce qu'il reprochait à Allioni est arrivé à lui-même; il est certain aussi que, quelque soin qu'on se donne en parcourant une contrée si petite qu'elle soit, on laisse encore après soi bien des plantes à étudier. Pour ne citer qu'un exemple, je dirai que la flore de Paris a été explorée depuis Vaillant par une foule de bons botanistes, et qu'encore depuis peu MM. Cosson et Germain de Saint-Pierre y ont fait une riche moisson. Villars avait des qualités précieuses. Tous ceux qui ont parcouru le Dauphiné ont rendu justice à son mérite et à ses qualités. Mais l'étude et la rédaction d'une Flore peuvent varier beaucoup : l'appréciation des faits qu'on observe et la conséquence qu'on doit en tirer dépendent du point de départ où l'on se place et de la méthode qui sert de base à vos obser- vations. Or, sans entrer dans le fond de la question, il est facile de voir, en parcourant les ouvrages de nos deux auteurs, que leur méthode ne reposait pas sur des bases bien assurées, qu'elle était même inconstante, variable, souvent tout à fait incertaine; ils accordaient, en effet, une grande importance à quelques caractères de nature variable et fugace, tandis qu'ils n'attachaient aucune valeur à d'autres qui sont, au contraire, fixes et invariables.

Villars avait de nombreux amis parmi les botanistes de son époque, mais il dut avoir aussi ses ennemis; parmi ces derniers, sa correspondance ne cite que le chevalier de Lamarck.

Dans une lettre du 24 avril 1794, Villars, en parlant de la jalousie entre les médecins, dit entre autres choses :

« A propos de jaloux, cher et digne ami, je ne connais que Lamarck, et vous
» me feriez plaisir de me dire si j'en ai d'autres; ce n'est pas que ces pré-
» tentions me fâchent, je vous assure qu'elles n'effleurent pas mon cœur ni
» même mon amour-propre; et qu'importent les opinions des naturalistes
» quant aux systèmes? Les faits seuls et les bonnes observations restent à la
» postérité. Ayons donc le courage de considérer l'avenir et la mort même,
» plutôt que des rivaux qui, en cherchant à nous surpasser, s'y précipiteront
» plutôt eux-mêmes. »

Il ajoute à la fin de sa lettre : « Si j'ai eu des torts, c'est ma méthode, c'est
» le manque d'uniformité dans mes descriptions; quant aux travaux, est-il
» un seul botaniste qui, dans un premier essai, sur 2744 espèces décrites, en
» ait vu 2732 de ses propres yeux et recueilli de sa propre main? Qu'il réponde.
» Ils diront que j'en ai de mal vues : mais je dirai que je n'ai prétendu ni à l'in-
» faillibilité, ni à la perfection; j'étais sans fortune, sans moyens, presque sans
» éducation première. Qu'ils viennent se heurter contre vous qui êtes supérieur
» par vos talents autant que par votre aisance, à la bonne heure; vous avez dû,
» mon brave et généreux ami, exciter la jalousie. Quant à moi, je ne veux que
» rire et m'amuser de ceux qui seront assez dupes pour me prendre pour un
» homme digne d'exciter la jalousie. » Lapeyrouse avait poussé un peu loin
cette idée de Villars; il avait vu un jaloux partout où il trouvait un contradic-
teur. Le supplément à son ouvrage nous montre Lapeyrouse complétement
dans cette voie funeste qui, sans utilité pour la science, a rendu ce botaniste
malheureux à la fin de sa carrière.

Villars avait reçu de Lapeyrouse trois paquets de plantes, dont deux appar-
tenaient à des amis de Lapeyrouse. Sur le troisième, il y avait inscrit : *A l'usage
de M. de Lapeyrouse.* Villars dit à cette occasion, dans une lettre du 27 janvier 1793 : « Je ne toucherai pas aux plantes; c'est un dépôt, il est sacré.
» Quoique botaniste parfois enthousiaste, jamais l'injustice n'entra dans mon
» cœur, jamais l'amour des plantes ne troubla le calme inséparable d'une
» âme honnête. »

Beaucoup de botanistes n'ont pas eu les mêmes scrupules : nos collections
classiques en offrent la trace évidente. Il est bien à regretter que ceux qui se
livrent à de semblables soustractions ne réfléchissent pas; comme dans toutes
les mauvaises actions, ils ne peuvent jouir paisiblement de leur larcin, et il
faut qu'ils tiennent caché l'objet de leur convoitise. Les personnes qui se
rendent coupables de semblables fautes sont d'autant plus à plaindre qu'elles
ont la plupart du temps des documents à leur disposition, dont elles peuvent se
servir quand il leur plaît, sans que personne ait rien à leur dire; tandis que,
après avoir dérobé une plante, il leur est impossible de s'en servir sans crainte
de dévoiler leur fâcheuse soustraction. Aussi suis-je bien persuadé pour ma part

que ceux qui s'en sont rendus coupables ne sont pas de vrais botanistes, mais tout simplement des collecteurs de plantes, et rien de plus. Villars avait été victime de pareilles soustractions, et voici la manière dont il raconte comment on lui avait enlevé deux échantillons de *Satyrium Epipogium* (14 avril 1800) :

« Je n'ai pas besoin de vous répéter ma profession de foi, que, préférant le
» dernier des hommes à nos chères plantes, j'ai respecté la propriété d'un ami,
» d'un collègue qui m'est cher sous tous les rapports; vous m'avez, d'ailleurs,
» autrefois confié des herbiers, je n'en ai pas abusé. Vous le dirai-je? J'avais
» deux échantillons de *Satyrium Epipogium* dans mon herbier, sur lesquels
» j'avais dessiné cette plante; ils ont disparu depuis six ans sans que j'aie eu
» le courage de soupçonner ceux de mes amis en qui j'ai toute confiance :
» eh bien! je viens de les voir chez l'un d'eux et les ai reconnus, mais je n'ai
» pas eu le courage de lui faire le moindre reproche, comme c'est un homme
» de premier mérite, qui est plus jeune que moi, plus fort même sur certaines
» parties. J'ai été un moment suffoqué; je n'en ai pas dormi la première
» nuit. Le lendemain, j'ai repris courage, disant : il est inutile de se
» brouiller pour une plante sèche. C'est une leçon; me rendra-t-elle méfiant?
» Non! il m'en coûterait et la science y perdrait. Jussieu, Desfontaines ont
» confié leurs herbiers à Vahl, à moi et à d'autres ; il faut au moins les imiter
» en cela. »

A cette époque de révolutions, on s'occupait beaucoup moins de botanique que de politique. Les relations entre botanistes étaient rares, et d'ailleurs on n'herborisait pas beaucoup; aussi les botanistes de cette époque ne connaissaient que les plantes de leur pays; ils ne se doutaient pas des nombreuses différences que présentaient les espèces des autres. D'un autre côté, ils avaient souvent en vue sous le même nom deux plantes différentes; il s'ensuivait qu'ils ne pouvaient pas s'entendre entre eux, ce qui leur faisait vivement désirer des échantillons authentiques; mais, soit par suite d'occupations impérieuses, soit que ce ne fût pas l'usage, on n'échangeait pas beaucoup de plantes. A plusieurs reprises, Villars s'excuse de ne pouvoir envoyer des plantes à Lapeyrouse, et, quand il en envoyait, ce n'étaient que des fragments, le plus souvent dans une lettre; d'autres fois c'étaient des dessins, comme nous en trouvons souvent dans ces lettres.

A l'occasion des dessins de Villars, Lapeyrouse lui disait dans une lettre : « Vos dessins ne répondent pas à votre ouvrage. » Villars qui avait, au contraire, dessiné aussi consciencieusement que possible ses figures, lui répondit : » Mes figures ne répondent pas à mon ouvrage, me dites-vous; je les ai dessinées » moi-même sur les lieux dans mon journal, et refaites dans mon cabinet et » sur mes herbiers d'après les jardins, mes descriptions, etc. J'ai dit dans ma » préface, p. XXIV, que j'avais comparé mes dessins avec les plantes et les des- » sins de la capitale; j'avoue qu'elles n'approchent pas de la beauté de celles

» de Jacquin, mais personne autre n'en a donné, que je sache, de mieux
» caractérisées et plus expressives que les miennes. »

Villars savait aussi que quelques genres laissaient à désirer, même à son
point de vue, car il disait à Lapeyrouse, qui lui avait envoyé la monographie
des Saxifrages : « Si j'eusse pris à partie les Graminées, les Astragales, les
» *Hieracium*, les *Galium*, les Saules, les Mousses et les Lichens, mon travail
» eût été moins imparfait. »

Dans une lettre du 22 août 1788, Villars dit : « Quant aux Ombellées,
» je suis parti du fruit, des genres et des synonymes; les descriptions ne font
» que suppléer à ce qui manque à ces bases que j'ai prises sans les croire fon-
» damentales. Mon ouvrage n'est ni purement savant, ni purement élémen-
» taire; j'ai parlé aux élèves dans le premier volume, et dans les deux autres,
» je les ai crus en état de me suivre; et pour me rendre supportable aux
» savants, j'ai quelquefois abrégé mes descriptions, excepté pour les plantes
» rares. »

Villars avait étudié quelques genres avec une certaine prédilection. Dans
une lettre du 2 juin 1793, il dit, entre autres choses, en parlant des Saxifrages :

« Je crois vous avoir marqué que vous me paraissez avoir eu autant
» d'avantages aux Pyrénées pour les espèces et les variétés intermédiaires qui
» les rapprochent, que j'en ai eu en Dauphiné pour les *Hieracium;* je devrais,
» à votre exemple, si j'en avais les talents et les moyens, donner aussi ma
» monographie d'*Hieracia.* »

A mesure que nous avancerons dans cette correspondance, nous nous aper-
cevrons que l'amitié qui unissait nos deux botanistes deviendra plus intime;
nous l'observerons facilement, surtout dans la deuxième partie de ces notes.
Mais, déjà en 1795, Villars, ayant terminé son ouvrage, s'occupait d'autres
travaux; il en faisait part en ces termes à Lapeyrouse : « Je m'occupe dans ce
» moment à intercaler les genres et les espèces nouvelles dans un catalogue
» alphabétique de Jacquin; je vais envoyer à Paris dans un journal une invita-
» tion aux botanistes de la capitale, possesseurs de talents, de bibliothèques,
» d'herbiers et autres richesses, et un mémoire sur les genres et les espèces,
» et mes vœux pour un *Pinax.* Je propose d'abord mon plan alphabétique;
» j'attaque le crédit des genres outré par Linné; je le donne aux espèces.
» J'invoque la réalité de la prophétie de Cliffort, où ce grand homme a dit que,
» dans un siècle, nous pourrons tout au plus avancer les espèces au point où
» sont aujourd'hui (1737) les genres, etc., etc. »

Dans une autre lettre, du 8 septembre 1796, Villars revient sur ce travail
que je ne connais pas, et qui, je crois, n'a jamais vu le jour : « Je fais des
» notes alphabétiques très courtes des espèces et des genres qui ne sont pas
» connus de Linné, pour avoir une idée fidèle des auteurs qui vraiment les
» ont décrites; mais c'est un travail particulier, qui peut-être ne s'achèvera

» pas ; cependant il m'amuse, et, après m'avoir été utile, il le sera aux autre
» quelque peu. »

Cette lettre contient quelques détails curieux sur un des derniers voyages
de Villars dans les montagnes du Dauphiné ; je crois qu'on lira ce passage avec
intérêt :

« J'arrive, cher et célèbre ami, des hautes Alpes, où j'ai voyagé avec Fran-
» çois (de Nantes), ex-législateur, ami de Ramond, et M. Forbin, capitaine de
» vaisseau ; nous avons franchi quatorze cols de 1500 à 1600 toises d'élévation,
» en commençant par l'Oisans, le Briançonnais, le Queyras, Barcelonnette ;
» nous avons fini par Allos près Colmars. Mon objet était de vérifier mes
» doutes, ceux que m'avaient fait naître Tournefort, Bérard, Barrelier, Jus-
» sieu, et surtout Belleval ; j'imaginais bien ne pas tous les résoudre, mais
» j'espérais me dédommager par dix ou douze espèces nouvelles. Pas du
» tout, mes doutes restent, et mes nouvelles espèces se bornent à une
» *Potentilla*, voisine de l'*aurea*, et à un *Orobus ruscifolius*, voisin de l'*O.
» vernus.* »

En mars 1799, Lapeyrouse voulait aller voir Villars, et demandait à celui-ci
les moyens faciles pour visiter les montagnes. Après quelques détails sur
les lieux et les distances à parcourir, Villars disait : « Si vous pouviez ou
» saviez aller à cheval, votre malle en avant, oh ! le bon moyen d'être libre
» et de voir une infinité de choses dans cette saison, dussiez-vous avoir un
» domestique pour le soigner ; c'est là ma méthode ; on est indépendant, on
» part, on s'arrête à volonté ; un habit de drap, une canne à parapluie ou un
» surtout de taffetas gommé pour la pluie. »

A cette époque, Villars n'herborisait que très rarement. Dès le commence-
ment de 1800, il fut atteint d'une fièvre qui sévissait alors à Grenoble, et qui
ébranla pour quelque temps sa santé. En mars 1800, il disait à Lapeyrouse : « Cette maudite fièvre et la quantité de kina rouge qu'on m'a fait
» prendre m'ont laissé une faiblesse aux jambes avec fourmillement doulou-
» reux très opiniâtre. »

Dès le mois d'avril suivant, il écrivait à Lapeyrouse qu'il avait passé huit
jours à Lyon et qu'il était bien rétabli. Cependant on remarque dans son écriture un changement notable. Son style a aussi changé. Villars s'y montre
plus absolu, parfois colère, etc. Lapeyrouse avait été nommé maire de Toulouse ; il l'avait écrit à Villars, qui lui répondit ceci dans une lettre datée du
19 juin 1800 : « C'est un larcin fait à la chose publique que de vous déro-
» ber quelques instants ; mais, comme l'esprit ne pourrait s'occuper sans
» relâche des mêmes objets, je me permettrai quelquefois de vous délasser au
» nom de la botanique. Les naturalistes comme vous doivent être regardés
» comme fonctionnaires et laissés à leurs occupations ; ils ne sont déjà pas trop
» communs pour les attacher à d'autres fonctions. Ce serait assez, ce me
» semble, d'exiger de nous ou l'enseignement de la science ou son applica-

» tion aux arts, à la médecine et à l'agriculture : on n'en sent pas encore assez
» l'utilité. »

L'année suivante, Villars fit un voyage à Paris, où il resta cinq mois ; il
publia un mémoire sur les moyens d'accélérer les progrès de la botanique, et
le dédia à Jussieu et à Desfontaines, qu'il estimait beaucoup et qu'il visita souvent ; dans ce voyage, il reçut les justes éloges que méritaient ses travaux. Aussi
disait-il dans une lettre du 3 août 1801 : « Mon supplément ne serait rien à
» côté de vos Saxifrages ; je n'ai pas trente plantes à ajouter, mais j'aurais à
» corriger quelques espèces et beaucoup de synonymes. Linné s'est trompé
» quelquefois. Actuellement que mon ouvrage est estimé en Angleterre, en
» Allemagne, en Suède, en Danemark, j'oserai le dire concernant les *Son-*
» *chus*, les *Arenaria*, etc. »

La botanique ne fut pas la seule occupation de Villars : il était aussi médecin,
et il le fallait bien ; car, comme il nous le dit lui-même, il était sans fortune, et
s'il n'avait fait que de la botanique, il n'aurait pu vivre et nourrir sa famille. Les
vastes connaissances de Villars le firent nommer directeur de l'hôpital de Grenoble et professeur d'histoire naturelle à l'École centrale. Dans plusieurs lettres,
Villars dépeint à Lapeyrouse la difficulté qu'il a de concilier ses occupations
salariées avec son goût, et le temps que la médecine dérobe à la botanique.
Dans une lettre de mars 1803, Villars raconte à Lapeyrouse la suppression
des écoles centrales et la crainte qu'il a d'être mis à la retraite :

« Les écoles centrales vont être supprimées ; ma retraite commencera, à
» moins que Fourcroy, qui aime la science et qui en est le favori, ne me
» place ailleurs. Je pourrais bien encore travailler dix ans, mais d'un autre
» côté ma galère de médecine m'a tenu en arrière, mes herbiers, mes jour-
» naux et mes notes sont peu en ordre, et je serais plus utile à la science
» botanique par une revue des plantes des Alpes qui m'occupe, qu'en me
» transportant à Marseille ou à Strasbourg, où je suis demandé. »

Dans une autre lettre, du 16 octobre 1803, Villars est très découragé, et
l'on voit, par la négligence encore plus grande de son style et même de son
écriture, qu'il devait être très préoccupé sur sa future position : « L'hôpital
» de Grenoble a été supprimé, et les malades militaires réunis à l'hôpital civil ;
» le lycée va être organisé, point de professeur d'histoire naturelle. Les trois
» premières places sont hors de mes goûts et de mes facultés ; les autres à
» côté sont au-dessous de mes besoins ; de deux places, il n'en restera plus ; je
» me verrai peut-être réduit à rentrer dans nos montagnes des hautes Alpes,
» pour y végéter. Mes livres, mes seules épargnes, vont être un embrraas : il
» faudra les vendre ou les donner en partie. »

Enfin, dans une lettre du 18 janvier 1805, Villars dit à Lapeyrouse qu'il
va à Strasbourg, et il s'exprime en ces termes : « Oui, monsieur et cher ami,
» je vais à Strasbourg à cinquante-huit ans. La ville de Grenoble, après trente
» ans de séjour, m'a laissé sans hôpital et sans logement. J'avais créé l'École

» de chirurgie et de botanique, j'avais acheté mon petit logement en le fai-
» sant réparer. Cela me détache de mes habitudes, de mes amis et de mes
» chères plantes; » et plus bas : « J'ai la folie de croire que j'ai été utile; les
» plantes me venaient de Suisse, d'Allemagne, mais déjà, comme Séguin,
» j'étais gêné pour payer les ports de lettres et paquets; que les botanistes trop
» actifs et peu fortunés apprennent à se méfier de leur maîtresse, la bota-
» nique! »

La première lettre datée de Strasbourg, que contient la collection que nous
avons sous les yeux, est datée du 12 décembre 1808. Dans cette lettre, Villars
dit qu'il est très satisfait de sa nouvelle position; il annonce à Lapeyrouse qu'il
a passé trois mois à Paris et qu'il a été nommé directeur de l'École, que l'In-
stitut lui conserve sa bienveillance, et que ce corps savant avait favorablement
accueilli un mémoire qu'il lui avait présenté sur la structure des nerfs.

En 1809, le 21 mai, Villars écrivit à Lapeyrouse une lettre sur plusieurs
plantes critiques, dont quelques fragments trouveront place dans la suite
de ce travail. Cette lettre commence ainsi : « Je suis très charmé que
» votre *Synopsis* vous occupe enfin sérieusement, et ce sera pour moi une
» consolation de l'avoir lu avant de nous séparer pour toujours, avant de
» mourir. »

L'écriture de cette lettre est toute tremblante, très difficile à lire, et prouve
bien, quoiqu'il n'en dise rien, que Villars était malade. Enfin, dans sa dernière
lettre, datée de novembre 1809, Villars, alors doyen de la Faculté de médecine,
paraît content de sa position, mais il avait considérablement vieilli, et dit,
entre autres choses, à Lapeyrouse : « M. Ziz et son camarade ne pouvaient
» mieux s'adresser pour vérifier et baptiser leurs collections; le premier se loue
» infiniment de vous et de vos vastes connaissances, et j'ai un grand plaisir de
» l'entendre, malgré le froid du nord et de l'âge ; j'aurais grand plaisir aussi
» de vous voir. Le sort m'a jeté sur le Rhin : j'eusse préféré l'Hérault, sur-
» tout pour nous. Je n'ai qu'à me louer des Strasbourgeois ; ils sont Alle-
» mands, et n'aiment pas les Français ; ils me craignent moins à cause de mon
» caractère et de ma bonhomie ; ils voudraient me voir recteur; quant à
» moi, je ne crains ni ne désire l'être, et je suis bien content d'être à la tête
» d'une Faculté dont je suis le dernier-venu, jouissant de la tranquillité et de
» l'estime de mes collègues à soixante-quatre ans; et, dans ces conditions, on
» ne devient pas ambitieux. »

Paris. — Imprimerie de L. MARTINET, rue Mignon, 2.

www.ingramcontent.com/pod-product-compliance
Lightning Source LLC
LaVergne TN
LVHW050245060726

842525LV00007B/2865

9782019316976